Anton Schulte

Fromm und cool

Bibel-Shop-Verlag

Die Deutsche Bibliothek – CIP Einheitsaufnahme
Schulte, Anton
Fromm und cool
Bibel-Shop-Verlag, 58566 Kierspe, 2000
ISBN 3-929738-14-7
Copyright by Bibel-Shop-Verlag
Druck: St.-Johannis-Druckerei, Lahr

Fromm und cool

Er hatte knallgelb gefärbte Haare und saß als einer der neuen Bibelschüler in meinem Unterricht. Eine Woche später hatte er einige seiner Haare zu kleinen Schwänzchen geflochten und wieder eine Zeit später hatte er eine andere ausgefallene Frisur. So saß er jede Woche vor mir als ein Bibelschüler im Neues Leben-Seminar.

Offen gesagt, er ärgerte mich mit seinem Outfit und ich fragte mich und später ihn selbst, weshalb er auf dieser Bibelschule sei. Da überraschten mich seine Antworten und Fragen. Ich stellte fest, dass ich es mit einem tiefgläubigen Menschen zu tun habe, der ernsthaft sucht, Gott in Treue zu dienen, aber eine vollständig andere Form wählt, seinen Glauben auszuleben.

Er löste bei mir einen Prozess des Nachdenkens aus. Aber auch er durchlebte einen Prozess. Mich freute es zu sehen, welch einen positiven Einfluss er auf andere junge Menschen nahm und erkannte seine Gabe der Kommunikation. Er hat seine Originalität nicht verloren und trotzdem ist er heute mein Mitarbeiter als Evangelist. Als Trampermissionar stellt er sich im Sommer an Autobahntankstellen und lässt sich mitnehmen. Die Fragen kommen schon: Woher? Wohin? Was machen Sie von Beruf? Prediger? Na, warum machen Sie das denn? – Weil ich begeistert bin von Gott. Und so entwickeln sich manche Gespräche. Ein wirkungsvoller Prediger, aber ist er fromm?

Er hat dazu beigetragen, mich erneut mit der Frage von Inhalt und Form des Glaubens auseinander zu setzen.

Offen gesagt: Ich halte mich für fromm. Aber entscheidend ist, was ich darunter verstehe: Die Grundlage meiner Frömmigkeit ist mein Glaube an Jesus Christus. Er ist mein Erlöser, mein Herr; denn Gott hat seinen eigenen Sohn in der Person des Jesus von Nazareth Mensch werden lassen.

Weil er ohne Sünde lebte, konnte er bei seinem Tod am Kreuz die Sünde und Schuld aller Menschen aller Zeiten auf sich nehmen und damit annullieren. Das ist der große Schuldenerlass, der mein Leben kennzeichnet. Ich glaube, dass das auch für mich gilt, weil er es zugesagt hat. „Gott hat die Menschen so sehr geliebt, dass er seinen einzigen Sohn für sie hergab. Jeder, der an ihn glaubt, wird nicht verloren gehen, sondern ewiges Leben haben." Johannes 3,16.

Weil Jesus von den Toten auferstanden ist, vertraue ich darauf, dass er auch mich einmal auferstehen lassen wird. „Alle, die Christus nachfolgen, werden durch ihn zu neuem Leben auferweckt." 1. Korinther 15,22.

Mein Glaube besteht also in dem Vertrauen auf Jesus Christus und meiner Verbindung zu ihm. Diese Lebensgemeinschaft bin ich freiwillig eingegangen. Einmal aus Dankbarkeit für seine Vergebung. Aber ich habe mich ihm auch anvertraut, weil ich mich in allen Lebenslagen von ihm bestimmen lassen will. Mein Leben gehört ihm nicht nur für einen begrenzten Zeitraum, sondern für immer. Durch Jesus ist Gott mein Vater, und ich will mich für sein Wirken öffnen. Er kann mich trösten, stärken, mit Aufgaben betrauen und ans Ziel bringen.

Denn der Glaube ist nicht Leistung des Menschen, sondern Geschenk Gottes. Aber wie alle Geschenke, muss man ihn annehmen. Die Umstände dabei sind ebenso nebensächlich wie unerheblich. Entscheidend dabei ist der Grundsatz, das Prinzip. Und das hat Gott selbst festgelegt: „Wenn du mit deinem Mund Jesus als den Herr bekennst, und in deinem Herzen glaubst, dass Gott ihn aus den Toten auferweckt hat, wirst du gerettet werden. Denn mit dem Herzen glaubt man, um gerecht zu werden, und mit dem Mund bekennt man, um gerettet zu werden." Römer 9,10.

Der Glaube ist unsichtbar – Frömmigkeit ist ein Ausdruck des Glaubens

Glaube ist nicht sichtbar, die Menschen in unserer Umgebung erkennen ihn nur an unserem Bekenntnis, unserem Verhalten und unserer Lebensweise.
Hierin besteht der Bezug zwischen Glaube und Frömmigkeit. Was andere an uns erkennen können, ist Frömmigkeit, eine Ausdrucksform unseres Glaubens. Der Glaube ist der Inhalt; Frömmigkeit ist die Form, in der er sich äußert.
Entsprechend gibt es natürlich verschiedene Formen von Frömmigkeit: echte und falsche, kulturbedingte und selbstgewählte, ja sogar von Scheinfrömmigkeit ist in der Bibel die Rede.
Das Wort „Frömmigkeit" lässt sich auf die altdeutsche Wurzel „vrum" zurückführen. Sie bedeutet soviel wie „Fürst" bzw. „dem Fürsten hörig". Dieser Begriff stammt aus einer Zeit, in der Untertanen ihrem Herrscher bis hin zur Leibeigenschaft verpflichtet waren.
Wenn wir heute von „fromm" reden, hat das – bis hin zu der Ableitung „frömmeln" – nicht dieselbe Bedeutung wie im Neuen Testament das griechische Wort „Ethos".
Natürlich führen die Übersetzungen bestimmter Begriffe in verschiedenen Sprachen zu unterschiedlichen Bedeutungen. Im Deutschen kennen wir z.B. die Bedeutung „lammfromm". Das bedeutet „gefügig sein": ein lammfrommes Pferd schlägt nicht aus und wirft seinen Reiter nicht ab. Die Bezeichnung: „Das ist ein frommer Mann" wird dagegen unterschiedlich verstanden. Die einen bezeichnen damit einen Duckmäuser, der sich nichts zutraut. Andere verstehen darunter, gerade in unserer Zeit, wo die Bedeutung so missverständlich geworden ist, einen

Menschen, dem es ernst ist, seinem Glauben entsprechend zu leben.
Wenn heute im deutschsprachigen Neuen Testament von „Frömmigkeit" die Rede ist, handelt es sich in der Regel um die Übersetzung des griechischen Wortes „ethos" oder des aus dem Lateinischen stammenden Begriffs „Moral".
Beides bezeichnet zunächst ein System von sittlichen Grundsätzen und Normen. Bevor man das als „Frömmigkeit" bezeichnen kann, muss zuerst ein Bezug zum christlichen Glauben hergestellt werden. Der Glaube ist, wie bereits gesagt, etwas, das man nicht sehen kann. „Frömmigkeit" dagegen besteht aus Verhaltensweisen, die ihre Wurzeln im Glauben haben. Egal, ob es sich dabei um Nächstenliebe oder sonstiges moralisches Verhalten handelt.
Das Ganze lässt sich auf eine einfache Frage reduzieren: Wie sollen wir denn als Christen unseren Glauben praktisch leben? Für viele Christen in unserer Zeit ist das die brennende Frage. Weder ältere noch jüngere Menschen können sich ihr entziehen. Die Schutzbehauptung: „Das war doch immer so, und die anderen tun es auch", führt zu nichts. Es bringt uns auch nicht weiter, wenn wir uns auf diese oder jene Statistik berufen und uns dann dem Verhalten der Mehrheit anschließen. Für solche Spielchen ist das Leben zu schade.
Zudem müssen wir uns klar machen, dass wir in einer Zeit leben, von der in der Bibel vorausgesagt wird, dass sie bestimmte Lebenseinstellungen zur Norm erheben wird, die sich mit christlicher Ethik nicht vereinbaren lassen. Paulus erklärt das seinem Schüler und Mitarbeiter Timotheus so: „Sei dir jedoch darüber im Klaren, dass die Zeit vor dem Ende eine schlimme Zeit sein wird. Die Menschen werden selbstsüchtig sein, geldgierig, großtuerisch und arrogant. Sie werden ihre Mitmenschen beleidigen, ihren Eltern nicht gehorchen, undankbar sein und weder Ehrfurcht noch Mitgefühl kennen. Sie werden un-

versöhnlich sein, verleumderisch, unbeherrscht, gewalttätig, voller Haß auf alles Gutes und zu jedem Verrat bereit. Sie werden vor nichts zurückschrecken, um ihre Ziele zu erreichen und werden von Hochmut verblendet sein. Ihr ganzes Interesse gilt dem Vergnügen, während Gott ihnen gleichgültig ist. Sie geben sich zwar einen frommen Anschein. Aber von der Kraft Gottes, die sie so verändern könnte, daß sie wirklich ein frommes Leben führen würden, wollen sie nichts wissen. Von solchen Menschen halte dich fern." 2. Timotheus Kapitel 2.

Vieles von dem was Paulus Timotheus mitteilt, ist nicht neu. Das alles hat es schon zu seiner Zeit gegeben. Aber es stellt trotzdem – wenn auch für uns heute in altmodischen Worten – ein treffendes Spiegelbild unserer egoistischen, undankbaren, unversöhnlichen und hochmütigen Gesellschaft dar. Mit Frömmigkeit hat das nichts zu tun. Paulus macht seinem Freund Timotheus unmissverständlich klar: Das Ziel sind nicht irgendwelche moralischen Werte. Das Ziel ist Christus. „Du aber bist meiner Lehre gefolgt, hast dich an die Grundsätze gehalten, nach denen ich lebe. Du hast dich auf dasselbe Ziel ausgerichtet wie ich. Du hast dir meinen Glauben, meine Geduld, meine Liebe, meine Standhaftigkeit zum Vorbild genommen."

Paulus war kein Mann von Traurigkeit. Er liebte klare Worte, und er ersparte sie Timotheus nicht, den er seinen „Sohn im Glauben" nannte. Es ging nicht um Paulus, sondern allein um Christus. Deshalb konnte er bei anderer Gelegenheit sagen: „Folgt meinem Beispiel, so wie ich Christus folge." (1. Korinther 11,1) – „Nehmt euch ein Beispiel an mir." (Philipper 3,17) und: „Folgt meinem Beispiel wie Kinder dem Beispiel ihres Vaters folgen." (1. Korinther 4,17)

Wir alle stehen in der Gefahr, uns unser eigenes Jesusbild vorzustellen. Dabei ist unser Unterschied zu den Heiden gar nicht so groß, die sich ihre Bilder von Gott oder ihren Götzen machen. Im einen wie im an-

deren Fall entstehen in der Regel nur Zerrbilder des eigenen Lebens, Denkens oder Wünschen. Deshalb legt Paulus nicht nur Wert darauf, dass Timotheus „seiner Lehre gefolgt ist"; sondern er ermahnt ihn: „Du sollst an der Lehre festhalten, in der du unterwiesen worden bist, und von deren Glaubwürdigkeit du dich überzeugen konntest."
Der alleinige Maßstab für unsere Frömmigkeit ist also Jesus Christus. Manche Jüngeren würden jetzt vielleicht sagen: „Echt cool". – „Du bist von Kind auf mit den Heiligen Schriften vertraut, in denen du alle Wegweisung bekommen hast, die zur Errettung nötig ist, zur Rettung durch den Glauben an Jesus Christus. Das alles, was in der Schrift steht, ist von Gottes Geist eingegeben, und entsprechend groß ist auch der Nutzen der Schrift. Sie unterrichtet in der Wahrheit, deckt Schuld auf, bringt auf den richtigen Weg und erzieht zu einem Leben nach Gottes Willen. Also ist der, der Gott gehört und ihm dient, mit Hilfe der Schrift allen Anforderungen gewachsen. Er ist durch sie dafür ausgerüstet, alles zu tun was gut und richtig ist."
Dieses aus der englischen Sprache übernommene Wort „cool" kann weit über die Bedeutung des deutschen Wortes „kühl" hinausgehen. Es ist nicht leicht zu übersetzen und gibt deshalb für vieldeutige – oberflächliche wie tiefgründige Interpretationen – reichlich Gelegenheit. Vielleicht hat man es deshalb, wie viele andere auch, zu einem deutschen Lehnwort gemacht.
Zugegeben: Das Wort „cool" steht im gleichen Zusammenhang mit dem griechischen „Ethos" und dem lateinischen „Moral". Sie alle sind Modewörter ihrer Zeit. Mit dem christlichen Glauben haben sie – das eine wie das andere – nur dann relevante Bedeutung, wenn sie sich eindeutig zum christlichen Glauben in Beziehung setzen lassen.
Es ist keine Frage, dass der Begriff „cool" in vielen Dingen das ausdrückt, was Gott uns im Blick auf unsere Frömmigkeit sagen will. Aber es gilt eben nur

dann und nur dort, wo es sich zu unserer Beziehung zu Christus eindeutig in Verbindung setzen lässt. „cool" bedeutet Gelassensein. Das kann genau so gut für einen Scharfschützen gelten, der seinen Widersacher mit einem gezielten Schuss aus dem Weg räumen will. Genauso gut kann ein Christ gelassen sein, weil er auf die Hilfe seines Herrn vertraut. „Wenn ihr gelassen abwartet und mir vertraut, dann seid ihr stark." Jesaja 30,15.

„Coolsein", das kann Gelassenheit bedeuten. Vielleicht weil wir uns auf irgendwelche Umstände oder Fakten verlassen, die jeden Verdacht für eine fragwürdige Tat von uns abwenden. „Coolsein" kann aber auch bedeuten, dass wir auf die Hilfe Gottes vertrauen. Und das ist der entscheidende Unterschied.

Wer „cool" bleibt, ist zuversichtlich; er verfügt über eine innere Gelassenheit, die Mut verlangt. Die Frage ist: Worauf hoffen wir? Der Christ rechnet in diesem Fall mit Gottes Hilfe. Er vertraut auf seine Zusagen in der Bibel. Das ist das Gegenteil von menschlicher Hektik, leerer Aktivität und dem verzweifelten Versuch, alles selber machen zu wollen. Die Coolness des Christen hat eine andere Basis: Er verlässt sich nicht auf irgendwelche Tricks. Seine Zuversicht gründet sich allein auf Gottes Kraft.

Die Bibel liefert uns dazu ein anschauliches Beispiel: Das israelitische Heer wurde von vier Stadt-Königen bedroht. Soldaten aus dem ganzen Ostjordanland belagerten die judäischen Berge, um Israel zu besiegen. Da gab Gott eine ungewöhnliche Anweisung für die Aufstellung des israelitischen Heeres. An die Spitze der israelitischen Streitmacht wurden die Sänger und Musiker beordert. Das Tal, in dem dann die Schlacht stattfand, nannte man „Lobetal". Die Israeliten gewannen sie. Heute würden wir das „cool" nennen. Die Israeliten vertrauten darauf, dass Gott ihnen den Sieg geben würde, und so geschah es auch (2. Chronik 20).

Nun kann man natürlich fragen, wie die Israeliten zu

solcher Zuversicht und Gelassenheit kamen. Der biblische Bericht verschweigt uns, wie viele von ihnen mit schlotternden Knien den Berg hinauf gestiegen sind. Waren sie wirklich besonnen, oder hatten sie Angst? Hatten sie Angst oder waren sie einfach nur „cool"? Nun bedeutet „cool" ja zugleich „besonnen". Zumindest wurde das bei einer Umfrage nach der Bedeutung des Wortes am Häufigsten ermittelt. Aber bedeutet das bereits Besinnung auf Gott?
Besonnenheit hat ihre Wurzel in der Besinnung. Es geht also nicht nur um Bedenken und Nachdenken, sondern auch darum, Schlussfolgerungen zu ziehen: Was hat Gott mir für diesen konkreten Fall gesagt und wie kann, soll, oder muss ich darauf reagieren? Nach den biblischen Berichten ist unsere Erde kein Produkt des Zufalls, sondern Gott hat sie in ihrer ganzen Vielfalt und Entwicklungsfähigkeit entstehen lassen. Er hat sie erdacht und entsprechend gehandelt. Ich kann darüber nur staunen. Das wird schon bei der Erschaffung des Menschen offenbar. Wenn Gott sagt: „Jetzt wollen wir den Menschen machen, unser Ebenbild, das uns ähnlich sei. Er soll über die Erde verfügen, über die Tiere im Meer, im Himmel und auf der Erde. So schuf Gott den Menschen als sein Ebenbild. Als Mann und Frau schuf er sie." – und später heisst es: „Dann betrachtete Gott alles, was er geschaffen hatte, und es war sehr gut" (1. Mose 1,26.27.31).
Gott hat die Menschen zu seinem Ebenbild gemacht. Wir sind eine abgeschwächte Ausgabe von ihm; früher nannte man das „Abbild". Natürlich sind wir nicht Gott. Jedes Bild von uns zeigt eine bestimmte Seite unserer Wirklichkeit, die in geheimnisvoller Weise mit Gott identisch ist. Der Mensch verfügt über Eigenarten und … Züge, die erkennen lassen, dass er zu Gott gehört. Darin liegt der „Shalom", der Friede Gottes, die Harmonie mit Gott, Übereinstimmung mit ihm und Geborgensein.
Dieses Verhältnis erlitt einen schweren Rückschlag, als der Mensch Gott den Gehorsam aufkündigte und

eigene Wege beschritt. Aber trotz des Sündenfalls und des dadurch entscheidend beschädigten Charakters des Menschen, blieb ein Bruchstück der Ebenbildlichkeit mit Gott erhalten. Es äußert sich darin, dass sich der Mensch – oft unbewusst und unheimlich in einer tiefen Sehnsucht nach der Gemeinschaft mit Gott verzehrt.
Für kein Lebewesen trifft das zu. Kein Tier glaubt oder ist abergläubig. Nur der Mensch, für die Gemeinschaft mit Gott geschaffen, sehnt sich nach seinem Schöpfer. Das ist der Grundgedanke aller Religionen: Denn religio bedeutet soviel wie Würde und Respekt. Auch wenn der Mensch sich noch soweit von Gott entfernt fühlt, sucht er etwas, das er respektieren kann, das er einer Wertschätzung für würdig hält. Es trieb die Menschen immer wieder dazu, Götzenfiguren zu formen, Naturelemente zu vergöttern. Und heute beten sie die modernen Götzen unserer Zeit an. Paulus drückt das so aus. „In Gottes Reich ist kein Platz für solche, die ein ausschweifendes, schamloses Leben führen oder von Habgier besessen sind; denn solche Menschen beten ihre eigenen Götzen an." Epheser 5,5.
Als Christ werde ich demnach nur dann „cool" sein können, wenn ich meine Umwelt beobachte, nachdenke, und mich darauf besinne, mich meinem Schöpfer konsequent zuzuwenden.
Besonnensein heißt auch, über die Gebote Gottes nachzudenken. Er hat sie uns gegeben, damit wir erkennen, wie und wo wir mit ihm nicht übereinstimmen. Dadurch begreifen wir unsere Erlösungsbedürftigkeit, denn wir sollen nicht auf unsere eigenen Kräfte pochen, sondern allein auf die Vergebung Gottes hoffen.
Wer gegen Gottes Gebote handelt, weiß, dass ihm etwas verloren gegangen ist. Weil er es nicht bei Gott sucht, flüchtet er in ein überzogenes Selbstbewusstsein und grenzenlosen Egoismus. Er versucht, sich durch Arbeit, Leistung und gute Werke – oder was er

für solche hält – für Gott akzeptabel zu machen. Er baut sich seine eigene Leiter in den Himmel. Es ist der hoffnungslose Versuch der Selbsterlösung. In allen Religionen dieser Welt findet man Bemühungen dieser Art. Auch die christliche Kirche ist nicht frei von solchen Einflüssen, die ihren Anhängern suggerieren, dass man sich aus eigener Kraft in den Himmel emporarbeiten könne, um dann einmal vor Gott zu behaupten: „Ich bin besser als die anderen; ich habe es geschafft."

Doch Christus hat mit seinem Tod ein völlig anderes Signal gesetzt. Der Mensch kann sich nicht selbst erlösen. Nur Christus allein kann uns Sünde und Schuld vergeben, und in sein ewiges Reich hineinführen. In diesem Sinn ist Erlösung mehr als alle religiösen Versuche des Menschen. Das Evangelium meint etwas völlig anderes. Nicht wir Menschen rackern uns ab, um zu Gott zu kommen, sondern Gott rackert sich ab, um uns durch Jesus Christus zu retten und die Tür zu seiner Herrlichkeit zu öffnen. Ich kann als Christ nur „cool" und gelassen sein, weil ich weiß, dass Gott die Verbindung zu mir wieder hergestellt hat. Er hat mir seinen Geist gegeben und hat durch sein Wort in der Bibel zu mir geredet. „Sie unterrichtet in der Wahrheit, deckt Schuld auf, bringt auf den richtigen Weg und erzieht zu einem Leben nach Gottes Willen ..." 2. Timotheus 3,16.

Nur deshalb kann ich als Christ „cool" und gelassen sein, weil ich weiß, dass ich allein durch den Glauben an Jesus Christus gerettet worden bin. Und dass ich allein auf sein Wort vertrauen darf. Nichts, aber auch gar nichts ist mein Verdienst: weder meine Errettung noch mein ach so fragwürdiges geheiligtes Leben. Das alles hat Gott getan. In dieser Gewissheit kann Paulus an die Christen in Philippi schreiben. „Deshalb bin ich auch ganz sicher, dass Gott sein Werk, das er bei euch durch den Glauben an euch begonnen hat, zu Ende führen wird bis zu dem Tag, an dem Jesus Christus wiederkommt." Philipper 1,6.

Wie fromm sollen wir also leben?

Der Glaube ist für die Menschen unsichtbar. Gott allein kann unsere Gedanken und die Einstellung unseres Herzens beurteilen. Was, von diesem Glauben geprägt, in unserem Leben sichtbar wird, bezeichnen wir als Frömmigkeit. Wir sind als Christen nur da glaubwürdig, wo unser Glaube, unser Glaubensbekenntnis, mit unserem Leben übereinstimmt.
Schon als Israel seinen ersten König wählte, ließ der Prophet Samuel daran keinen Zweifel: „Für die Menschen ist wichtig, was sie mit den Augen wahrnehmen können; ich dagegen schaue jedem Menschen ins Herz." 1. Samuel 16,7

Der Unterschied zwischen Inhalt und Form

Jeder Glaube sucht sich eine Ausdrucksform. Das ist das, was wir als Frömmigkeit bezeichnen. Im Neuen Testament wird dafür meistens das Wort „Ethik" benutzt. Allerdings kennt das Griechische dafür über 10 Vokabeln. Sie beziehen sich auf persönliche Gewohnheiten ebenso wie auf völkische Sitten und Gebräuche und auf die Tradition der christlichen Gemeinde. Diese Unterschiede gilt es zu beachten. Sie verbieten es uns, Verhaltensweisen der ersten Christen als allgemein gültige Anweisungen Gottes zu verstehen.

Die Differenz zwischen Gebot und Verhaltensweise

In der Apostelgeschichte wird von den ersten Christen berichtet, dass sie wie in einer großen Familie zusammen lebten. Was sie besaßen, verstanden sie als gemeinsamen Besitz. Wer über ein Grundstück oder andere Werte verfügte, verkaufte sie und half damit denen, die in Not geraten waren. Apostelgeschichte 2,44.45
Manche Christen folgern heute daraus, dass ein Christ, der sich ernsthaft darum bemüht, Jesus nachzufolgen, jeden eigenen Besitz abzugeben habe. Er solle sich einer Gütergemeinschaft anschließen und auf jeden persönlichen Besitz verzichten. Erst wenn wir uns alle einer Kommunität angeschlossen hätten, würden auch wieder – wie damals, – täglich Menschen zum Glauben kommen.
Aber diese Interpretation ist sachlich falsch. In den ersten Kapiteln der Apostelgeschichte wird keineswegs berichtet, dass sich alle Christen von ihrem Privatbesitz getrennt hätten. Petrus verlangt von den Christen Hananias und Saphira durchaus nicht, dass sie ihren Acker hätten verkaufen müssen. Er räumt sogar ein, dass sie den Erlös dafür hätten behalten können. Was er verurteilt, ist lediglich die Lüge, dass sie vor der Gemeinde die Hälfte des Erlöses als Gesamtgewinn angegeben hatten. Apostelgeschichte 5,11.
In England spaltete sich einmal eine Gemeinde, weil der verantwortliche Leiter ihr vorwarf, sich beim Abendmahl nicht an die in der Bibel gegebenen Vorschriften zu halten. Er begründete das mit dem Bibelvers: „Da nahm er (Jesus) den Kelch und sprach" – die Gemeinde aber hatte während des Dankgebets den Kelch auf dem Tisch stehen lassen. Die sich daraus ergebende Auseinandersetzung führte zur Spaltung der Gemeinde. Wo aber lag das Problem? Jesus hatte nie gesagt: Wenn ihr das tut, so hebt den Kelch

vom Tisch hoch, so wie ich es getan habe. Er hielt, soweit wir das beurteilen können, beim Dankgebet während des letzten Abendmahls den Kelch in der Hand. Aber er hatte diese Verhaltensweise nie zu einer verbindlichen Anweisung Gottes erhoben.

Ich erwähne diese außergewöhnliche Episode lediglich, um daran eins klarzustellen: Im Neuen Testament werden zahlreiche Verhaltensweisen von Jesus Christus selbst, von den Aposteln oder einzelner christlicher Gemeinden beschrieben. Dabei handelte es sich um unterschiedliche Beispiele aus der damaligen Zeit; aber sie wurden nie zu einer allgemein gültigen Anweisung Gottes erhoben. Daraus ergibt sich, dass auch wir Hinweise Gottes, die sich auf unterschiedliche Situationen bezogen, nicht als allgemein gültig verstehen dürfen. Wer eine dieser Frömmigkeitsformen zur allgemein gültigen Norm erhebt, verfällt der Gesetzlichkeit. Er meint zwar vielleicht, damit halte er sich besonders treu an den biblischen Text. In Wirklichkeit aber ersetzt er die Autorität Gottes durch seine eigene. Auf solche undifferenzierten Bibelauslegungen sind manche Probleme unter den Christen zurückzuführen. Verursacht nicht zuletzt von jenen, die Gott besonders „wortgetreu" dienen wollten.

Vom Unterschied zwischen Anweisung und Empfehlung

Paulus rät den Christen in Philippi: „Schließlich meine lieben Brüder, orientiert euch an dem, was wahrhaftig, gut und gerecht, was anständig, liebenswert und schön ist. Wo immer ihr etwas Gutes entdeckt, darüber denkt nach." Philipper 4,8.9.

Paulus benutzt damit das Wort „semnotaes". Viele übersetzen es mit ehrbar oder Ehrbarkeit. Diese Eigenschaft sollte auch ein Gemeindeältester haben (1. Timotheus 3,4). Aber sie bezieht sich nicht unmittelbar auf Gott. Vielmehr ist mit dem Wort „Ehrbarkeit" etwas angesprochen, was der allgemeinen Auffassung (auch der heidnischen) Zuhörer entspricht. Man könnte es auch mit Kultur oder Tradition bezeichnen. Und es ist wichtig, über diesen Zusammenhang nachzudenken.

Paulus, der Bevollmächtigste und zugleich zutiefst Bescheidende, scheut sich nicht, sich den Philippern gegenüber als Vorbild zu bezeichnen. „Richtet euch nach dem, was ich euch gelehrt habe und lebt nach meinem Vorbild, so wird Gott bei euch sein und euch seinen Frieden schenken." Philipper 4,94.

Natürlich ist diese Aufforderung des Apostels eine Empfehlung an die Gemeinde; trotzdem ist sie nicht einer verbindlichen Anweisung Gottes gleichzusetzen.

Gerade im Bereich der Frömmigkeit spielt das Vorbild eine große Rolle. Wenn etwas „ehrbar" ist, dann ist es ethisch nicht zu beanstanden, gut und nachahmenswert.

Petrus hat das den Gemeindeältesten deutlich eingeschärft. „Versorgt die Gemeinde gut, die euch anvertraut ist. Hütet die Herde Gottes als gute Hirten, und das nicht, weil es eure Pflicht ist, sondern freiwillig und gern. Das erwartet Gott. Es geht auch nicht ums Geldverdienen, sondern darum, dass wir mit Lust und Liebe Gott dienen. Spielt euch nicht als die Herren eurer Gemeinde auf, sondern seid ihre Vorbilder." 1. Petrus 5,2-6.

Die größte Wirkung der Ältesten auf den Lebensstil der Gemeinde geht von ihrem Vorbild aus. Wer hier herrschen will, ist fehl am Platz. Macht führt nur allzu schnell zum Machtmissbrauch. Christliche Lehre, und mit ihr die Gemeindeältesten, stehen in der Gefahr, ihre Autorität zur Formulierung eigener Gesetze zu missbrauchen. Zweifellos berufen sie sich dabei auch auf gute und richtige Dinge, die alle Christen bedenken sollten. Doch gerade weil diese Gedanken biblischen Texten entnommen sind, bezeichnet man diese neuformulierten Gesetze oft vorschnell als verbindliche Anweisungen Gottes.

Es ist gefährlich, auch durchaus bedenkenswerte Verhaltensweisen vorschnell als verbindliche Anweisungen Gottes zu bezeichnen. Es kommt nicht von ungefähr, dass der Begriff „Frömmigkeit" schon im Neuen Testament nicht nur positiv gebraucht wird.

Scheinfrömmigkeit

In den Paulusbriefen werden auch Menschen erwähnt, „die vorgeben, fromm zu sein, aber von der Kraft Gottes, die ihnen die Kraft zu einem wirklich frommen Leben geben könnte, nichts wissen." (2. Timotheus 3,5)

Lukas berichtet in seinem Evangelium (Kapitel 18,9) von Menschen, die sich selbst für fromm hielten, ihre falsche Selbsteinschätzung aber mit ihren eigenen Werken begründeten. Nach dem Gesetz mussten die Juden einmal im Jahr fasten. Diese Pharisäer aber fasteten in jeder Woche zweimal. Und aufgrund dieser Sonderleistung hielten sie sich für frommer und gerechter als die anderen. Dies ist ein klassisches Beispiel für selbsterwählte Frömmigkeit.

Natürlich ist gegen Fasten nichts einzuwenden, vor allem wenn man selbst zur Korpulenz neigt. Auch zur Konzentration auf das persönliche Beten kann es eine gute Sache sein. Was die Pharisäer hier praktizierten war also keineswegs verwerflich. Aber indem sie andere hochmütig verachteten, brachten sie eine an sich gute Sache in Misskredit.

Der einzig gültige Maßstab

Paulus verweist seinen Schüler Timotheus vor allem auf die Bibel. „Du jedoch sollst an der Lehre festhalten, in der du unterwiesen worden bist, von deren Glaubwürdigkeit du dich überzeugen konntest. Du kennst ja die, die dich gelehrt haben, und bist von Kind auf mit den heiligen Schriften vertraut, aus denen du alle Wegweisung bekommen kannst, die zur Rettung nötig ist. – Zur Rettung durch den Glauben an Jesus Christus; denn alles was in der Schrift steht, ist von Gott eingegeben und dementsprechend groß ist auch der Nutzen der Schrift. Sie unterrichtet in der Wahrheit, deckt Schuld auf, bringt auf den richtigen Weg und erzieht zu einem Leben nach Gottes Willen. So ist also der, der Gott gehört und ihm dient, mit Hilfe der Schriften allen Anforderungen gewachsen. Er ist durch sie dafür ausgerüstet, alles zu tun, was gut und richtig ist." 2. Timotheus 3,14-17.
Wenn Paulus hier von „Schrift" spricht, bezieht er sich in erster Linie auf das Alte Testament. Doch für das Neue Testament gelten die gleichen Kriterien. Durch die ganze Bibel weht der Atem Gottes, sie ist „Gott gehaucht". Gott hat geredet, und was er gesagt hat, ist unter seiner Kontrolle schriftlich festgehalten worden. Deshalb ist das Wort der Bibel der einzige bindende Maßstab für uns. Das gilt gerade auch dann, wenn wir über bestimmte Themen nachdenken und dabei vielleicht zu verschiedenen Auffassungen gelangen.
Ich denke es ist notwendig, dass wir über unsere Frömmigkeitsformen neu nachdenken und uns dabei notfalls von Gott korrigieren lassen.
Die Bibel ist das Wort, das Gott in schriftlicher Form allen Menschen hinterlassen hat. Aber er redet dabei nicht immer direkt von uns. Wenn er zu Abraham sprach, dann redete er zu Abraham und nicht zu An-

ton Schulte. Wenn er zu Mose redete, und dabei dem Volk Israel nicht nur die Zehn Gebote, sondern zugleich eine Fülle von Speise- und Opfergesetzen auferlegte, war das nicht direkt für uns Christen heute bestimmt.

Doch auch in den biblischen Texten, in denen Gott uns nicht direkt anspricht, bezieht er nicht direkt beteiligte Zuhörer ein. Im Schöpfungsbericht offenbart er für alle Menschen seine Kraft. Am Beispiel der Geschichte Israels lässt er uns sowohl seine Heiligkeit wie auch unsere eigenen Sünden erkennen. An den Geschichten der Propheten wird erkennbar, dass Gott in allen Situationen über konkrete Anweisungen verfügt hat. Und zugleich lässt sich an den prophetischen Aussagen erkennen, dass Gott auch die Zukunft der Welt bis zu ihrem Ende im Blick hat.

Für unsere Verhaltensweisen als Christen hat Gott uns im Neuen Testament konkrete Anweisungen gegeben. Das setzt allerdings voraus, dass wir auch hier klar unterscheiden. Eine Speisevorschrift, die für Israel verbindlich war, kann man z.B. nicht ohne weiteres zur Vorschrift für eine christliche Gemeinde machen.

Damit wird der Wert dieser Essensvorschriften für das alttestamentliche Volk Israel in keiner Weise herabgesetzt. Durch diese Anweisungen hat Gott überhaupt ermöglicht, dass die Israeliten die 40 Jahre der Wüstenwanderung überleben konnten. Er hat dafür gesorgt, dass sie in dem verheißenen Land, in dem es ihnen gut gehen sollte, gesund leben konnten. Auf dem antiken Fleischmarkt hatten die Juden konsequent zwischen rein und unrein zu unterscheiden. Den jungen christlichen Gemeinden dagegen gab Paulus den Rat: „Was auf dem Fleischmarkt angeboten wird, das esst und fragt nicht nach seinem Ursprung." Dabei konnte er sich durchaus auf Jesus berufen, der gesagt hatte: „Nicht was der Mensch isst, verunreinigt ihn, sondern das was aus seinem Mund herauskommt" (Matthäus 15,11).

Wie sollen wir also als Christen leben?

Was Christen heute allgemein als Frömmigkeit bezeichnen, hat seine Wurzeln in der Spannung von Ethik und Gesetz. Unter „Gesetz" verstehen wir dabei zunächst die Anweisungen Gottes an sein alttestamentliches Bundesvolk Israel. Über detaillierte Einzelheiten zu Vorschriften für konkrete Verhaltensweisen bis hin zu Anweisungen, die Gott seinem Volk durch Könige, Richter und Propheten verordnet hat.

Im Neuen Testament werden dafür zum Teil andere Formulierungen gebraucht. Die Bezeichnung „Gesetz" wird dabei durch Ausdrücke wie „Wort Gottes" oder „Die Schrift" ersetzt. Gemeint ist dabei immer die verbindliche Anweisung Gottes, der zu uns redet und uns erklärt, was für Glaube und Leben des Menschen gilt. Als der Teufel Jesus in der Wüste versuchen wollte, hielt ihm dieser Aussagen des Alten Testaments entgegen. Und fügte hinzu: „Es steht geschrieben." Damit erklärt er eindeutig, auf wessen Autorität er sich bezieht. Wir befinden uns also in guter Gesellschaft, wenn wir an die Bibel glauben, dem Wort, das Gott – bei aller irdischen Einschränkung – zu uns geredet hat.

Unsere Frömmigkeit orientiert sich an Christus

Manche Christen halten sich zur Ehelosigkeit berufen. Das gilt es zu respektieren. Nur darf diese persönliche Erfahrung niemand zur allgemein gültigen Norm erheben. Sonst entstünde sehr schnell das Vor-

urteil, alle ehelos bleibenden Christen hätten als besonders geistlich zu gelten. Auf alle anderen dagegen, die geheiratet haben, fiele der Makel sie seien weltlich gesinnt.
Dieses Beispiel mag manchen Christen heute mehr oder weniger einleuchten. Aber wir machen uns nur selten klar, wie schnell wir in anderen Bereichen dem gleichen Fehler verfallen. Verhaltensweisen, die uns in der Bibel berichtet werden, können beispielhaft durchaus Mut machen oder zur Nachahmung anregen. Aber dadurch werden sie noch nicht zu einer göttlichen Anweisung.
Nicht alles, was wir als fromm bezeichnen, findet vor Gott Zustimmung. Das gilt vor allem für die hausgemachte und eigenmächtig aufgesetzte Frömmigkeit. Paulus geht darauf besonders im Kolosserbrief ein. Dabei stellt er vor allem die Konsequenzen des Erlösungswerkes von Jesus Christus heraus, die wir in ihrer umfassenden Bedeutung überhaupt nicht zu begreifen vermögen. Paulus formuliert dabei Sätze, deren Bedeutung wir kaum erfassen können: „Gott hat den Schuldschein ... auf ewig vernichtet, indem er ihn ans Kreuz nagelte. Auf diese Weise wurden die finsteren dämonischen Mächte entmachtet und in ihrer Ohnmacht bloßgestellt, als Christus über sie am Kreuz triumphierte. „Darum ist es auch unsinnig, daß ihr euch Vorschriften machen laßt über eure Eß- und Trinkgewohnheiten, über bestimmte Feiertage, religiöse Feste oder was man am Sabbat tun darf oder nicht. Das alles sind nur schwache Abbilder, ein Schatten von dem, was in Christus Wirklichkeit geworden ist. Laßt euch deshalb von niemandem von euren Ziel abbringen, schon gar nicht von solchen Leuten, die sich in falsch verstandener Demut gefallen, zu Engeln beten und sich dabei stolz auf ihre Visionen berufen.
Wenn ihr euch nun als Christen vom Wesen dieser Welt, von ihren Mächten losgesagt habt, weshalb unterwerft ihr euch denn von neuem ihren Forderun-

gen und lebt so, als wäre diese Welt für euch maßgebend? Weshalb laßt ihr euch vorschreiben: Du darfst dieses nicht anfassen, jenes nicht essen und ganz bestimmte Dinge nicht berühren. Diese Gebote sind doch nichts anderes als von Menschen erdachte Verhaltensregeln. Möglich, dass Menschen, die danach leben, den Anschein von Weisheit erwecken, zumal sie fromm wirken und sich selbst bei diesen Anstrengungen nicht schonen." Kolosser 2,20-23.
Paulus spricht hier von Dingen, die es im Verlauf der Kirchengeschichte immer wieder gegeben hat. Eine selbstgewählte Form von Demut und Frömmigkeit lässt sich schon in den ersten christlichen Gemeinden feststellen. Sie führt zu einer falschen Abgrenzung von „Welt". Man stellt einfach neue Gesetze auf, und diese werden dann zum Kennzeichen der Christen hochstilisiert.
Zu diesem Bereich selbstgemachter Frömmigkeit gehören alle Dinge, die mit Essen, Trinken, Körperpflege, Schminken und Mode zu tun haben. Sie sind regional zweifellos zu beachten. Nicht im engen christlichen Sinn als gesetzlich, sondern um die Christen auch in einer Gesellschaft Nichtglaubender, vielleicht sogar religiös anders glaubender Menschen als glaubwürdig erscheinen zu lassen: Indem sie auf Brauchtum und Sitte, Takt und Anstand Rücksicht nehmen.
Wieder einmal stoßen wir auf den Unterschied zwischen Form und Prinzip: Formen sind wichtig, denn ohne sie gibt es keinen Inhalt. Die Formen des Evangeliums ändern sich, die inhaltlichen Aussagen aber bleiben bestehen. Das Evangelium ist einzig, einmalig, heilig und weder austausch- noch ersetzbar.
Paulus liefert für die Verkündigung des Evangeliums in unterschiedlichen kulturellen Situationen ein nachdrückliches Beispiel. Er erklärt sich damit einverstanden, dass sein junger Mitarbeiter Timotheus entsprechend der jüdischen Tradition beschnitten

werden sollte, damit er glaubwürdiger unter den Juden missionarisch wirken könne.

Für manche Christen mag dieses Beispiel schwer zu verstehen sein. Der Arzt Lukas liefert dafür den entsprechenden Beleg. Er schreibt: „Dort trafen sie Timotheus, einen jungen Christen. Seine Mutter, auch eine Christin, war jüdischer Abstammung, sein Vater ein Grieche. In den Gemeinden von Lystra und Ikonion war Timotheus als zuverlässig bekannt und geschätzt. Ihn nahm Paulus als weiteren Begleiter mit auf die Reise. Um auf die jüdischen Christen in diesem Gebiet Rücksicht zu nehmen, von denen jeder wußte, daß der Vater des Timotheus ein Grieche war, ließ Paulus ihn beschneiden." Apostelgeschichte 16.

Der Grundsatz des Paulus war klar; es ging allein darum, das Evangelium unter den Juden glaubwürdig zu verkündigen. Und wenn aus diesem Grund ein Halbjude durch die Beschneidung zum Volljuden gemacht werden musste, so war der Preis keineswegs zu hoch. Aber derselbe Paulus, der sich für die Beschneidung des Timotheus eingesetzt hatte, schrieb den Christen in Galatien etwas völlig anderes: „Durch Christus sind wir frei geworden, damit wir als Befreite leben. Jetzt kommt es darauf an, dass ihr euch nicht wieder vom Gesetz gefangennehmen laßt. Ich, Paulus, sage euch deshalb in aller Deutlichkeit: Wenn ihr euch den Forderungen des biblischen Gesetzes beugt, und euch beschneiden laßt, so ist alles nutzlos, was Christus für euch getan hat. Und noch einmal erkläre ich jedem einzelnen von euch: Wer sich beschneiden läßt, der muß das ganze Gesetz von A bis Z mit allen seinen Forderungen befolgen. Wenn ihr aber durch das Gesetz bestehen wollt, dann habt ihr euch von Christus losgesagt, und Gottes Gnade gilt nicht länger für euch" (Galater 5,1-4).

Diese Rede ließ an Deutlichkeit nichts zu wünschen übrig. Aber warum akzeptierte Paulus im Fall des Timotheus eine Praxis, die er im Grunde ablehnte? Die

Antwort ist einfach: Es ging ihm darum, Menschen mit dem Evangelium zu erreichen. Er akzeptierte dabei sogar eine Form, die seiner Auffassung widersprach. Weil es ihm wichtiger war, das Evangelium innerhalb der jüdischen Kultur zu verbreiten.
Deshalb ist es auch heute wichtig, dass Musiker Musiker evangelisieren und Sportler andere Sportler mit Christus bekannt machen. Deshalb akzeptiere ich auch, wenn in einer Jugendveranstaltung eine Musik gespielt wird, die meiner Geschmacksrichtung keineswegs entspricht. Aber was bedeutet schon mein Geschmack, wenn es darum geht, dass junge Menschen mit dem Evangelium bekannt gemacht werden! Die Grenze ergibt sich da, wo der Bereich der Sünde erreicht wird. Das ist immer dann der Fall, wenn unter dem Deckmantel moderner Musik gotteslästerliche Texte verbreitet werden. Das ist das Ende christlicher Toleranz und Glaubwürdigkeit.
Wieder ist es Paulus, der einen Grundsatz formuliert, der fast für jede Form christlicher Verkündigung anwendbar ist: „Um möglichst viele für Christus zu gewinnen, habe ich mich zum Sklaven aller Menschen gemacht. Damit ich die Juden für Christus gewinne, bin ich für sie wie ein Jude geworden. Und wo man religiöse Vorschriften genau befolgt, lebe ich auch danach, obwohl sie für mich keine Gültigkeit haben; denn ich möchte auch diese Leute gewinnen. Bin ich aber bei Menschen, die ohne diese Gesetze leben, dann passe ich mich ihnen genauso an, um sie für Christus zu gewinnen. Das bedeutet aber nicht, daß ich mich nicht an Gottes Gebote halte, sondern ich befolge die Gebote Christi. Wenn ich bei Menschen bin, deren Glaube noch schwach und unsicher ist, achte ich sorgfältig darauf, ihnen nicht zu schaden. Wer es auch sei, ich stelle mich ihm gleich, um auf jegliche erdenkliche Weise wenigstens einige Menschen zu retten." 1. Korinther 9,19-22.

Formen sind oft kulturbedingt

Das Evangelium ist interkulturell. Es kann Kulturen durchdringen und neue Formen schaffen, wo es im Glauben verkündigt und von den Zuhörern angenommen wird. Deshalb unterschied sich die Frömmigkeit der Juden von den Menschen, die vorwiegend in den vom griechischen Denken beeinflussten Gebieten lebten. Wenn ich heute in einem Gewand durch Köln ginge, das von oben bis unten durchgewebt wäre, so wie Jesus es damals trug, dazu mit orientalischen Sandalen an den Füßen, dann würde ich vielleicht bestaunt und belächelt werden, aber auf meine Glaubwürdigkeit als Christ hätte das keinerlei Einfluss.
Wenn meine Frau ihr langes Haar wie einen Schleier nach vorn gekämmt trüge, durch orientalische Kosmetika unterstützt, wäre auch sie keine Empfehlung für modernes Christsein. Würde sie ihren Kopf dann noch mit einem Schleier verhüllen, hielte man sie höchstens für eine moslemische Türkin.
Wer die Forderung des Paulus an die Frauen der christlichen Gemeinden in Korinth, ihr Haar unbeschnitten und lang zu tragen, für alle Christen in der Welt zum Gesetz erhebt, wird in bestimmten Gebieten Afrikas sehr schnell scheitern. Die Haare gewisser Stämme kräuseln sich einfach und wachsen weder lang noch glatt. Erneut müssen wir uns fragen, worum es eigentlich geht, wenn in der Bibel von äußeren Verhaltensweisen der Christen die Rede ist. Geht es nur darum, sich der Kultur der jeweiligen Zeit schicklich anzupassen? Stehen allein Anstand und Sitte zur Diskussion? Keinesfalls. Wo immer Christen zu einer glaubwürdigen Verhaltensweise aufgefordert werden, geht es auch um das dahinterstehende Prinzip.

Nehmen wir Essen und Trinken als Beispiel (1. Korinther 10,14). Da erlaubt Paulus den Christen in Korinth, auf dem Fleischmarkt einzukaufen, ohne lange danach zu fragen, wo das Fleisch herkommt. Sollte dadurch aber ein junger Christ in Gefahr geraten, in den Götzendienst zurück zu fallen, dann sagt Paulus: „Lieber will ich in meinem ganzen Leben überhaupt kein Fleisch mehr essen". Christliche Freiheit darf nie den Anlass geben, wieder in Sünde und Abfall zurück zu fallen.

Für den Gottesdienst galt die Regel, dass die Frauen, wenn sie in der Gemeinde beteten oder das Wort ergriffen, verschleiert sein mussten. Dadurch sollte deutlich gemacht werden, dass die Verantwortung für Frau und Kinder dem Mann übertragen war. Dabei berief man sich sogar auf die Schöpfungsordnung. Es ging also nicht um Kleiderfragen, sondern um das harmonische Miteinander von Mann und Frau, wie es von der Schöpfungsordnung her festgelegt war. Frauen sind zwar gleichwertig vor Gott, aber in ihrer Art unterschiedlich. Nicht in allen Dingen sind ihnen die gleichen Aufgaben anvertraut. „Doch in dem Herrn ist weder die Frau ohne den Mann etwas, noch der Mann etwas ohne die Frau; denn wie die Frau von dem Mann, so kommt auch der Mann durch die Frau; aber alles von Gott ... Lehrt euch nicht auch die Natur, daß es für einen Mann eine Unehre ist, wenn er langes Haar trägt, aber für eine Frau eine Ehre, wenn sie langes Haar hat? Das Haar ist ihr als Schleier gegeben. Ist aber jemand unter euch der Lust hat, darüber zu streiten, so soll er wissen, daß wir diese Sitte nicht haben, die Gemeinden Gottes auch nicht." (1. Korinther 11,11-16)

Was den Schmuck der Frauen betrifft, so äußert sich Petrus auch dazu: „Nicht äußerliche Dinge wie kunstvolle Frisuren, wertvoller Schmuck oder modische Kleidung dürfe für euch Frauen wichtig sein; nein, euch sollen vielmehr Eigenschaften von unvergänglichem Wert schmücken, wie Freundlichkeit

und Güte, denn wahre Schönheit kommt von innen, und diese Werte zählen vor Gott." 1. Petrus 3,3.4.
Petrus verwendet hier für Schmuck das Wort „Kosmos", das in diesem Zusammenhang soviel wie „Welt" bedeutet. Er will damit zum Ausdruck bringen, dass die „Welt der Frau" sich nicht im äußeren Schmuck und modischen Kleidern erschöpfen soll; ihr wahrer Schmuck ist ihre innere Schönheit.
Gleichzeitig wird den Männern gesagt, dass sie ihren Frauen Verständnis und Achtung entgegen zu bringen haben: „Ihr müßt ihnen die Hilfe und Achtung entgegenbringen, die sie, als die Schwächeren, brauchen." Und er fügt hinzu: „Nichts soll zwischen euch stehen, das euch am gemeinsamen Gebet hindert." Daraus ergibt sich eindeutig, dass es sich hier nicht um neue Gesetze oder Kleidervorschriften handelt, sondern um jene inneren Werte durch die wir in der Ehe unter Christus eine Einheit bilden.
Ich bin überzeugt, dass Petrus den Männern heute sagen würde: Lasst nicht euer Auto eure „Welt" sein, nicht euer Haus, euren Swimmingpool oder euer Reitpferd. Wir Männer geben mit solchen Dingen ja nur allzu gerne an. Echter Glaube und glaubwürdige Frömmigkeit sind dagegen eine Schönheit, die von innen heraus kommt. Das muss niemand daran hindern, sich seiner Zeit und Kultur entsprechend zu kleiden, zu schminken und zu frisieren.
Ganz deutlich wird das, wenn vom Beten die Rede ist. Paulus schreibt: „Ich möchte, und das gilt für alle Zusammenkünfte der Gemeinde, daß die Männer, wenn sie ihre Hände zu Gott erheben, ein reines Gewissen haben, keinen Groll gegen jemand hegen und untereinander nicht zerstritten sind." 1. Timotheus 2,8.
Geht es Paulus in diesem Abschnitt etwa darum, den Männern die Gebetshaltung mit erhobenen Händen vorzuschreiben? Will er damit sagen, dass Gott keine andere Gebetshaltung zulässt? Das kann niemals seine Absicht sein. Denn in der Bibel ist auch davon

die Rede, dass man die Hände faltet, niederkniet und sich in der Anbetung vor Gott auf den Boden wirft. Die äußere Haltung ist für Petrus zwar wichtig, aber keineswegs entscheidend. Es geht ihm nicht um die äußere Haltung der Beter, sondern um ihre innere Einstellung. Ein reines Gewissen sollen sie haben, gegen niemanden Groll im Herzen hegen und untereinander nicht zerstritten sein. Das ist es worauf es ankommt. Erinnern wir uns an die Worte des Propheten Samuel: „Für die Menschen ist wichtig, was sie mit den Augen wahrnehmen können. Ich aber schaue jedem Menschen ins Herz."

Wenn ich mich selbst Gott jeden Tag neu zur Verfügung stelle – und diesen Entschluss vielleicht manchmal jede Stunde erneuern muss – wenn ich letztlich nichts anderes möchte, als das tun, was Jesus von mir erwartet: dann kommt es nicht mehr darauf an, in welcher Kultur ich lebe, ob ich in Modefragen meiner Zeit voraus bin oder hinterher hinke. Nach ein paar Jahren haben uns die Letzten sowieso eingeholt. Dann ist es nicht mehr die Frage, ob ich einen Fernsehapparat besitze, sondern ob er mich mit Beschlag belegt. Die Frage lautet dann nicht, ob ich hin und wieder in die Disco gehe, sondern ob sie zu meinem Zuhause geworden ist. Wir surfen mehr oder weniger bald alle im Internet, aber wo verweilen und chatten wir? Wo ist meine Welt? Für welche Themen interessiere ich mich? Auch mein modischer Geschmack spielt letztlich keine Rolle; denn Gott sieht nicht meinen Rock, sondern mein Herz an. Wenn das von der Liebe Gottes erfüllt ist, wird auch meine Frömmigkeit glaubwürdig sein.

Unser Herz gleicht einer Festung. Solange ich darin die Alleinherrschaft ausübe, bin ich oft verängstigt, besorgt, mutlos und verzagt. Ich strebe nach Geld, Macht und Ehre, um mein Selbstbewusstsein zu stärken. Aber genau das bringt mich in eine hoffnungslose Situation. Jesus sagt: „Aus dem Herzen kommen böse Gedanken, Mord, Ehebruch, Un-

zucht, Diebstahl, falsche Aussagen, Verleumdungen." Matthäus 15,18.
Die Bekehrung zu Christus ist nichts anderes als die Kapitulation der Festung Herz.
Ich übergebe die Schaltzentrale meines Lebens an Jesus Christus und seinen Geist. In der Bibel heißt das lapidar „Gib mir, mein Sohn, dein Herz" (Sprüche 23,26).
Durch diese Übergabe kommt es bei uns zu einer Übereinstimmung von Denken und Reden, von Wollen und Handeln. Also zu dem, was wir heute authentisch Leben nennen. Es bedeutet Glaubwürdigkeit und Echtheit.
Nun kann man natürlich fragen, wie das praktisch gehen soll: Wie kann ich authentisch leben, glaubwürdig sein, echt und im christlichen Sinne „cool". Da habe ich dann die dicke Bibel in der Hand, und darin steht alles, was Gott über den Menschen gesagt hat: Von Adam und Eva bis zu Noah und Abraham, zu David und den verschiedenen Propheten. Das alles erstreckt sich über Jahrhunderte. Und dann komme ich zu den neutestamentlichen Briefen und finde darin unzählige Anweisungen, wie die Christen denken und leben sollen. Gibt es da keinen einfacheren Fahrplan? Ich sehe ja ein, dass es keine Checkliste geben kann, in der ich einfach ankreuzen könnte, was ich tun und lassen sollte; ganz abgesehen davon, dass ich sie im Blick auf meine Zeit und meine Kultur ständig verändern müsste. Aber gibt es denn keinen einfacheren Schlüssel zu einem christlichen Leben?
Doch, es gibt diesen Schlüssel, und Jesus selbst hat ihn uns gegeben. Er stand ja selber den Menschen gegenüber, deren Denken ganz auf das Gesetz ausgerichtet war: Von den Zehn Geboten angefangen bis hin zu den letzten Einzelheiten der Essens- und Glaubensvorschriften, die dem Volk Israel auf der Wüstenwanderung als Orientierung dienten. Für sie bestand darin das Gesetz.
Auf der anderen Seite standen jene Leute, die nicht

vergessen konnten, wie manche Propheten sie durch falsche Aussagen irregeleitet hatten. Sie hatten dazu beigetragen, dass sich das Volk gegen Gott aufgelehnt hatte; und trotzdem hatten echte Propheten ihnen die Vision vermittelt, dass Gott einmal den Messias, den Retter, schicken würde. Jetzt standen sie Jesus gegenüber und es fiel ihnen schwer, in ihm den angekündigten Retter zu erkennen, weil er so ganz anders war, als sie ihn sich vorgestellt hatten.

Deshalb fragten sie: „Herr, welches ist das wichtigste Gebot im Gesetz Gottes?" Und Jesus antwortete ihnen: „Du sollst den Herrn, deinen Gott, lieben von ganzem Herzen, mit ganzer Hingabe und mit deinem ganzen Verstand. Das ist das größte und wichtigste Gebot. Ein zweites ist ebenso wichtig: Liebe deinen Mitmenschen wie dich selbst. Mit diesen beiden Geboten ist alles gesagt, was das Gesetz und die Propheten fordern." Matthäus 22,37-40.

Das ist der Schlüssel: Gott zu lieben ist das Wichtigste. Wer ihm sein Leben überlässt, wird auch nach seinem Willen leben.

Wer einen Menschen liebt, sucht seine Nähe; er will ihn immer besser kennen lernen, auf seine Bedürfnisse und Vorstellungen eingehen. Entscheidend dabei ist nicht, ob das immer gelingt, sondern ob der Impuls noch vorhanden ist. Das gilt nicht nur für die Verliebtheit vor der Ehe, sondern bleibt das Geheimnis einer lebenslangen Verbindung. Und es stimmt genau so für das Verhältnis des Menschen zu Gott. Wo diese Liebe echt ist, braucht man keine Angst zu haben. Auch wenn man einmal versagt hat, führt der direkte Weg immer hin zu dem, den ich liebe. Und Gott vergibt nicht nur, er macht alles neu.

Nun könnte es allerdings vorkommen, dass ein Mensch in seiner Liebe zu Gott sich mystisch in sich selbst zurück zieht. Er hätte ja Gott, was brauchte er noch mehr? Doch er stünde in der Gefahr, sich ein Gottesbild vorzustellen, das mit dem der Bibel nicht übereinstimmt. Schließlich entstünde daraus ein

Götzenbild seiner eigenen Wünsche und Zicle. Deshalb hat Jesus dem Gebot der Gottesliebe ein zweites hinzugefügt. Es bedeutet den Crashtest unserer Gefühle und lautet: „Liebe deinen Mitmenschen so wie dich selbst." Matthäus 20,39.
Nun können wir weder die Liebe zu Gott noch die zu unseren Mitmenschen selbst produzieren. Wir sind darauf angewiesen, dass er uns, durch den Glauben und durch sein Wort, mit dieser Liebe beschenkt. Und er wartet einfach darauf, dass diese seine Liebe unser Herz erfüllt und wir ihn wiederlieben.
Wenn ein Mensch richtig verliebt ist, wird es seine Umwelt merken. Und auch unsere Liebe zu Jesus Christus lässt sich nicht verbergen. Jesus ist sich dessen sicher, wenn er sagt: „Ich gebe euch ein neues Gebot: Liebt einander. Ihr sollt einander lieben, wie ich euch geliebt habe. An eurer Liebe zu einander werden alle erkennen, daß ihr meine Jünger seid." Johannes 13,34.35.

Wenn ihr danach fragt, was am christlichen Glauben echt „cool" ist. Das ist es.

Weitere Bücher von Anton Schulte
im Bibel-Shop-Verlag:

„Glaube light – Jesus pur"

Gh., 32 Seiten, ISBN 3-929738-13-9

Light ist bei Lebensmitteln Käse ohne Fett oder Cola ohne Kalorien. – Glaube light ist der Volksglaube an Zahlen, Sterne und Steinen, aber auch Kirche ohne Jesus. Pur ist ohne eine Beimischung, also nicht Jesus und … eben – nur Jesus bringt's.

„Darauf kann man sich verlassen!"

Gh., 32 Seiten, ISBN 3-929738-11-2

Wir leben in einer Welt der Unsicherheit. Nichts scheint gewiss: Statistiken, Hochrechnungen, Prognosen und Versprechungen sind meist unzuverlässig und fehlerhaft.
Was Gott aber den Menschen vorausgesagt und versprochen hat, geht in Erfüllung in der Geschichte der Völker, heute vor unseren Augen und auch in der Ewigkeit. Eine mutmachende Schrift für Menschen, die Gewissheit suchen.

„Was bringt's, wenn ich Gott gefalle?"

Gh., 32 Seiten, ISBN 3-929738-12-0

Lohnt es sich, gegen den Strom zu schwimmen, anders zu sein, als der Trend es vorschreibt, einfach weil Gott es will? „Ja", antworten Menschen, von denen wir in der Bibel lesen oder die wir aus der Geschichte kennen. Aber auch heute kann man erleben, dass es sich lohnt, Gott zu gefallen.